Arno Holz

Der geschundne Pegasus - Eine Mirlitoniade in Versen

Arno Holz

Der geschundne Pegasus - Eine Mirlitoniade in Versen

ISBN/EAN: 9783744600705

Hergestellt in Europa, USA, Kanada, Australien, Japan

Cover: Foto ©ninafisch / pixelio.de

Weitere Bücher finden Sie auf **www.hansebooks.com**

Der geschundne Pegasus

≈ Eine Mirlitoniade in Versen ≈

von

Arno Holz

und

100 Bildern

von

Johannes Schlaf

Berlin

F. Fontane & Co.

1892.

Zwei Knaben hier mit viel Pläsir
Mißbrauchen Feder und Papier
Und blasen möglichst mit Elong
Das Klopp-Klipp-Klappbornmirlitong.

Was sie erfreut und was sie quält,
Es sei Euch keineswegs verhehlt,
Dazu auch bestens illustrirt
Und solchermaßen dedicirt.

Des Morgens, so fie früh aufstehn,
Sie meist im Feld spazieren gehn.
Die Lerche singt, der Schornstein qualmt,
Die ganze Gegend steht behalmt.

Schön ist das Vöglein auf dem Feld,
Das Blümlein auch, das Gott erhält,
Das Mücklein, das fie froh umschwärmt,
Schön auch die Sonne, die fie wärmt.

Doch schöner noch als alle vier,
Zumal in Luft und Waldrevier,
Das ist und bleibt für den Geschmack
Ein sogenannter Rauchtoback.

So sißend auf bemooftem Stein,
Raucht man ihn einzeln und zu zwei'n.
Die Wüste felbst wird zur Oase,
Zieht man ihn meuchlings durch die Nase.

Doch jetzt, du schöne Welt, ade!
Es ruft nach Hause das Metier.
Zwar plagt ihn sehr der Sonne Hitz,
Doch folgt der Köter Tropplowitz.

Höchst gräßlich sind oft kleine Kinder.

Auch giebt es, leider Gottes, Schinder.

Dem treuen Thier macht's wenig Spaß,
Daß man den Maulkorb ihm vergaß.

Drei Mark dafür zu hinterlegen,
Schwächt fehr das Nationalvermögen.

Doch weh, fchon fträubt fich Haar und Bart:
Es naht der Kater Eduard!

In einem Klumpen wüst verballt
Siehst du hier beiderlei Gestalt;
Ein Treppenflur ist oft sehr enge,
Von allen Seiten setzt es Senge.

In blinder Wuth heult drauß' das Paar,
Erbittert tobt das Mobiliar,
Auch setzt es Titel höchst gediegen,
Doch läßt man sich nicht unterkriegen.

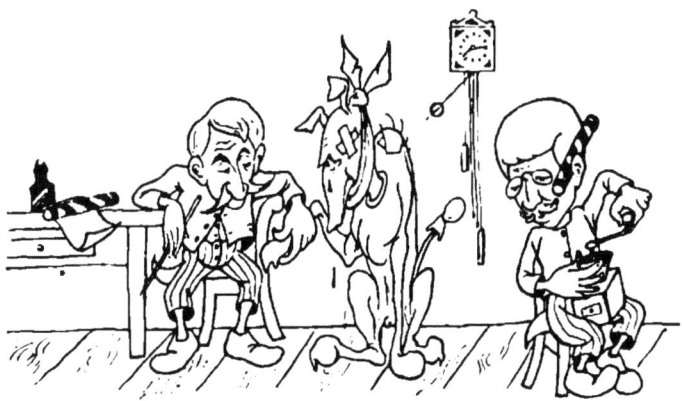

Triumpf! Die Rasselbande floh,
Man sieht's, sie war ein wenig rob.
Und man befühlt sich Nas' und Zeh,
Auch Ignaz thut Diverses weh.

So dieserweise angeregt
Man schließlich dann des Dichtens pflegt.
Es theilt sich mit der höh're Schwung
Der Hinterhemdenzipfelung.

Der Kaffee dampft, der Knaster schmeckt,
Es summt das häusliche Insekt.
Dazu von Phantasiegestalten
Ein oben angedeutet Walten.

Doch bald giebt's Störung mancherlei.

Zuerst da hört man noch vorbei.

Doch bald regt sich das Temp'ramenr,

Und tieffter Jammer ist das End.

Was dieſer Leiden Urſach' ſei?

Zuerſt ſieh hier den Papagei.

Alsdann mit ungeputzter Nas'
Manch liebes Kindlein auf der Straß'.

Und drüben von der Schule dann
So mancher höchst befliss'ne Mann.

Drum, wenn die Glocke Zwölfe schlägt,
Vergnügt man sich nach Haus bewegt.

„Und fall'n wir hier, ihr Brüder,
Da oben sehen wir uns wieder.
Ja wieder!"

„Kein Brot in der Taschen.
Kein' Branntwein in der Flaschen,
Wir von der Artollerie:
Schleswig-Holstein verlassen wir doch nie!"

Der Soldat, stets frohgemuth,
Bei Regen und bei Sonnenglurb,
Wenn morgens er zum Schanzen zieht,
Singt er ein Soldatenlied.

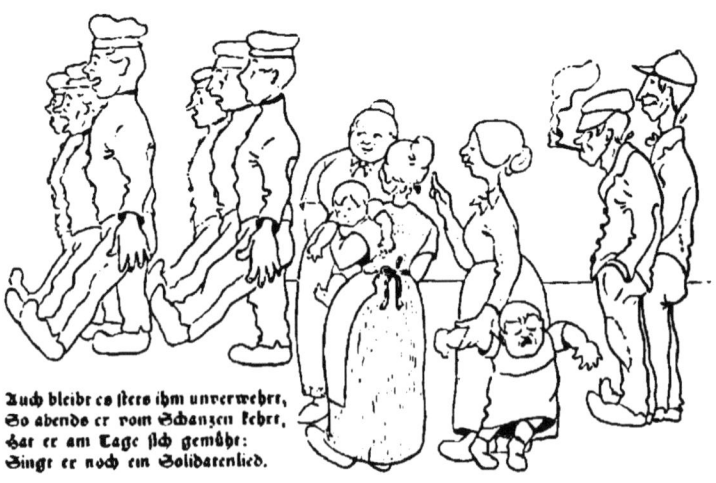

Auch bleibt es stets ihm unverwehrt,
So abends er vom Schanzen kehrt,
Hat er am Tage sich gemüht:
Singt er noch ein Soldatenlied.

Der Milchstift und nun gar der Brauer,
Die nehmen es noch viel genauer.

Die Grünfrau und die Fischerin:
Mein Herz ist schwer, mein Ruh ist hin!

Es schwankt der Säufer auf der Straß,
Dem Knäblein macht dies vielen Spaß.

Der arme Caro sitzt alleine,
Kein Wunder darum, daß er weine.

Die minder holde Weiblichkeit
Im Hinterhaus oft keift und schreit.

Auch tönt es Baß theils, theils Diskant:
„Was ist des Deutschen Vaterland!"

Das Tintefaß an die Wand, ein Fluch!
Man giebt es auf, man hat genug!
Erschöpft siehst du hier beide sitzen
Und pfundweis Gift und Galle schwitzen.

Der Schädel brummt, das Rückgrat knackt,
Die schöne Pfeife liegt zerhackt;
Auch kommt noch, daß sie Fenster putze,
Mit ihrem Handwerkszeug Frau Hutze.

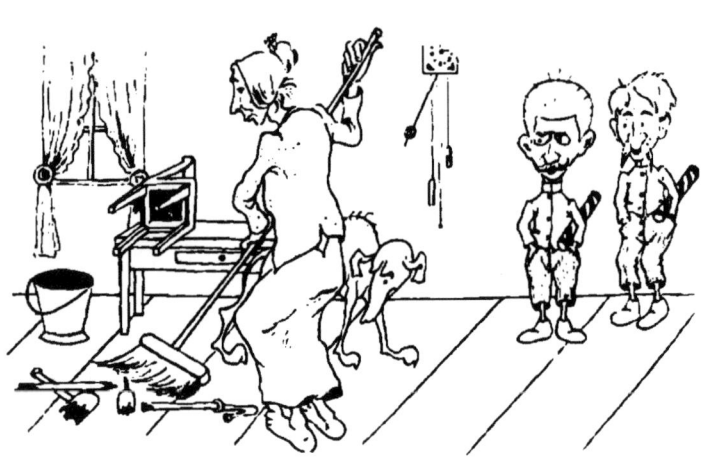

Verderblich ist in seinem Wahn
Das Weib, sei's mit, sei's ohne Zahn.
Man retiriet und muß es haffen,
Denn wehe, wenn es losgelaffen!

Verfolgt von Waffer, Chlor und Wisch,
floh Tropplowitz hier auf den Tisch.
Man felbst, beschlipst und im Cylinder,
Entflicht auf Schnabelschuh'n nicht minder.

Im „Schwarzen Truthahn", vis-à-vis,
Erquickt sich Mittags Mensch und Vieh;
Da ruht man aus von seinen Thaten,
Und köstlich kälbern schmeckt der Braten.

Doch schließlich sagt der Magen: Stopp!
Sonst platzt noch irgendwo ein Knopp!
Man ist versöhnt, der Zichjarrn brennt –
Der sogenannte Hochmoment!

Dann wandert man, von Herzen froh,
Ins Café zum „Gebratnen Floh"
Und schlingt dort in sich voller Gier
Theils Figaro, theils Dorfbarbier.

Doch plötzlich, ha! was ist denn das?!
Vor Schrecken wird der Andre blaß.
Die „Tante Voß", die alte Unke,
Bringt uns hier schöne in die Tunke!

„Schmierfinken" — Himmel! hat man Worte?! —
„Schmierfinken sind es letzter Sorte!"
Mit Recht ist man darob pikirt,
Das Windspiel thut sehr intressirt.

Und hier nun gar! „Der höhere Mist!"
Man warnt davor! Sei's Jüd, sei's Christ!
Und das nennt sich nun Politesse!
Der Teufel hol' die ganze Presse!

Doch jetzt, aus innerstem Impulse,
Naht Adolf Christian Gottlieb Schnulze.
„Nanu wird's Dag! Sie, kleener Wietdrich!
Sie sind woll'n bisken brejenkliebrig?"

Schon stehst du kampfbereit die Drei,
Man ist empört, man eilt herbei.
Zu spät! Aus beiderseitger Lunge
Schallt's: „Herr, Sie sind ein dummer Junge!"

Man wehrt sich jetzt von allen Seiten,
Theils unten liegend, theils im Reiten.
Zum Schießen fehlen nur die Flinten,
Auch Fido hilft, doch mehr von hinten.

Zuletzt, von roher Kraft mißhandelt,
Wird man energisch rausgebandelt.
Es freut sich dran das Publikum,
Auch stzt man den Cylinder um.

Dann folgt, und zwar nicht grade dulce,
Auch Adolf Christian Gottlieb Schnulze.
Er giebt nicht viel auf Eleganz,
Auch hilft ihm das Faktotum Franz.

Der schöne Hut, einstmals von Filze,
Gleicht jetzt bedenklich einem Pilze.
Man fühlt, man ist nicht mehr erbost,
Und sagt sich gegenseitig: „Prost"!

Es neigt der Mensch nach manchen Sachen
Oft mehr zum Weinen, als zum Lachen.
Man steht dabei und, diesbezüglich,
denkt man: das ist ja höchst vergnüglich!

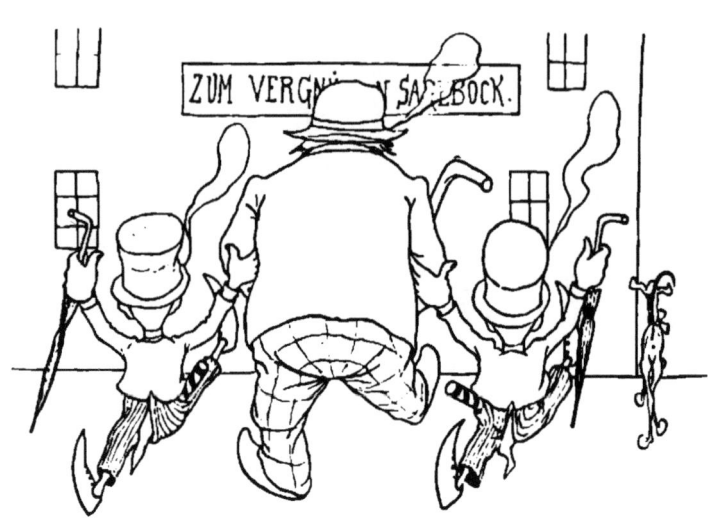

Doch wahre Freundschaft allezeit
Verlangt theils Fläß, theils Feuchtigkeit,
Drum eilt man flink zu Bier und Grogk
In den „Vergnügten Sägebock".

Der Kellner naht sich peh a peh
Nach Mostrich duftend und Schalleh.
Ein Billard soll nach all dem Schönen
Den neuen Bund hier würdig krönen.

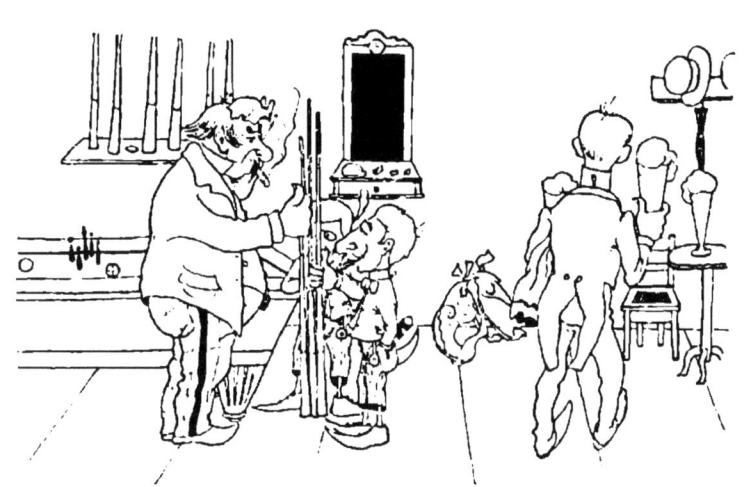

Der Biedre fühlt sich nicht geni't,
Gesetzt den Fall, er transpirirt.
Er drängelt nur, wer ist der dranste,
Und dann, was haste und was kannste!

Ahnt wer wo fern was wie Blamage,
Ein Alkohol giebt ihm Kourage.
Der Kellner muß sich scheußlich sputen
Und schreibt sechs Uhr und fünf Minuten.

Ist es dem Edlen Abends wohl,
So spielt er mehrstens Karambol.
Doch falls auf Kegel er verfiel,
So nennt er dies Familienboule.

Nur selten sagt der Fachmann: leider!
Stellt ihm der Zufall einen Schneider;
Er zielt bedächtig und in Ruh
Und kneift auch wohl sein Auge zu.

Wer hinterwärts zu reputierlich,
Hält oft sein Queue nicht grade zierlich;
Und alle sagen, die dies sehn:
„Wie leicht kann der in't Oge jehn!"

Mit Recht brüllt man nicht gleich Triumph,
Schickt man mal vierzig in den Sumpf;
Und nur der Böse spricht voll Haß
„Sie, sagen Se mal, wie kam d'n das?"

Was hier verblüfft das Auge steht,
Der Kenner nennt's ein Masstoß.
Doch heimlich seufzt er: ei verfault!
Und fühlt sich lebhaft angegrault.

Nur ungern steht der Mensch bedrippt,
Falls mal kein einz'ger Kegel kippt.
Doch fällt was, ist die Freude groß:
Zwölf muntre Würmer, ei famos!

Wer fchnöbem Ehrgeiz je verfiel,
Verräth dies auch beim Billardfpiel.
Er kommt allmählich in Ecftafe
Und denkt nicht an des Andern Nafe.

Zwar gleicht Diverfes der Attrappe,
Doch ift es leider nicht von Pappe.
Ein Irrthum ift mit Recht verdrießlich;
Man hat nur e i n e Nefe fchließlich!

Das Waſſer, ſo es friſch und kühl,
Beſchwichtigt jegliches Gefühl.
Man ſteht dann da und hält die Schüſſel
Und wohlig fühlt ſich drin der Rüſſel.

Hat auch das Glück ſo ſeine Mucken,
Der Tapfre läßt ſich drum nicht ducken.
Er fühlt ſich zwiefach zwar geflickt,
Doch nicht im mindeſten geknickt.

Bums! zwanzig liegen da geschoben,
Es fühlt der Geist sich höchst gehoben;
Und tropft auch noch so die Materie,
Man reibt das Queue und meldet: „Serie!"

Die Bälle stehen sehr verfänglich,
Die Köpfe schütteln sich bedenklich;
Doch selbst der Frömmste thut verstockt,
Zumal wenn Schnitt mit 'lage lockt.

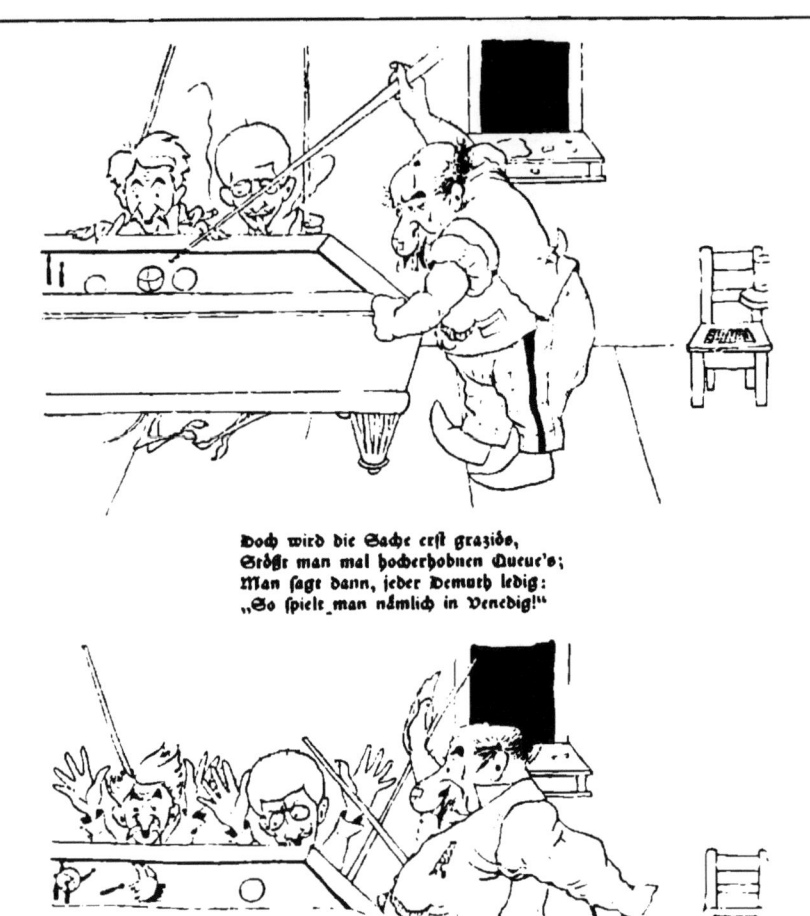

Doch wird die Sache erst graziös,
Stößt man mal hocherhobnen Queue's;
Man sage dann, jeder Demuth ledig:
„So spielt man nämlich in Venedig!"

Es zuckt das Queue, es ruckt die Hand,
Man fühlt sich allerseits gespannt;
Doch plötzlich — aursch! es hat geknackt:
Das Billard ist nicht mehr intakt.

Verfolgt ihn so des Schickfals Graus,
Langt meist der Menſch fein Sacktuch raus.
Sein Hofenbund fackt ſich verfänglich
Und ſein Geſicht wird merkbar länglich.

Die ganze Größe der Gefahr
Wird ihm erſt ſucceſſive klar.
Verſchiednes in ihm wankt und dreht ſich,
Auch ſeine Hirnſubſtanz, verſteht ſich.

Doch soll er gar nach all den Qualen
Den Schaden auch noch baar bezahlen,
Dann sagt er treffend und geschwind:
„Und der soll nu 'n Verzniejen sind!"

Zuletzt, wenn auch mit Ach und Weh,
Steigt er hinein in's Portemonnaie
Und nimmt sie zögernd in die Finger,
Theils gelb, theils rundlich sind die Dinger.

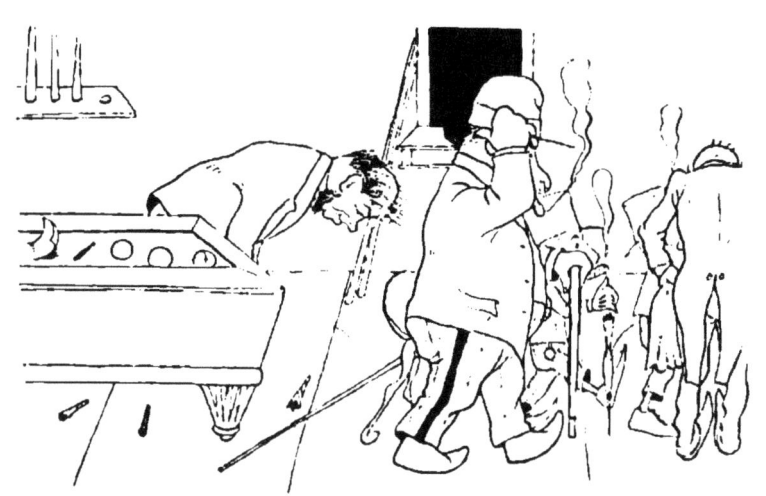

Zu weiter Freund- und Höflichkeit,
Hat er nach so was kaum noch Zeit.
Er zischt nur wutentbrannt: Skandal!
Und räumt energisch das Lokal.

Nach so vollbrachter Freveltat
Hält meist der Weise mit sich Rat
Und seufzt, dem Fall entsprechend heiter:
„Das wär gemacht, was macht man weiter?"

Doch hat es irgendwie noch Tugend,
So folgt das Alter meist der Jugend
Und nimmt zum Trost für das Malör
Ein blaues Blümlein als Douceur.

Hat man als Hauswirth Ueberschüsse,
So haßt man geistige Genüsse.
Drum will man absolut nicht rein
Und wehrt mit Strampeln sich und Schrei'n.

Bald wird man kalt, bald wird man heiß,
Die Glatze deckt sich dick mit Schweiß,
Denn man steht zitternd vor Selin,
Der deutschen Dichtkunst Blutrubin.

Doch plötzlich macht man schleunigst Kehrt,
Man fühlt sich gänzlich ungeehrt.
Des Künstlers hoheitsvoller Blick
Wirkt wie ein Faustschlag in's Genick.

Der Mensch, ein Scheusal von Natur,
Zeigt oft von Mitleid nicht die Spur.
Er hält nur lieblos sich den Magen
Und grinst mit teuflischem Behagen.

Man selbst nach solcherlei Strapaze
Zeigt meistentheils nur wenig Grazie.
Man appliziert sich einen Klapps
Und jiepert eklich nach 'nen Schnaps.

Der Keller „Zum geschwollnen Affen“,
Der ist für sowas wie geschaffen.
Man lange ihn sich und ruft im Chor:
„Herr Wirth, hier drei Maison du Nord.“

Nach solchem lobenswerthen Thun
Fragt man sich abermals, was nun?
Da winkt, laut Zettel an der Wand,
Gleich links das Café Helgoland.

Nicht immer sagt man Ja und Amen,
Heißt's: Kein Vergnügen ohne Damen.
Das Schwabenalter thut frivol
Und brummt verächtlich: ach was, Kohl!

Das arme Hunderl ohne Schnur
Flog längst mit Vehemenz retour,
Und ahnungsvoll hebt man die Hände:
Gewiß, das nimmt kein gutes Ende!

Da plötzlich, horch! es kreischt und kracht,
Und jetzt verstärkt sich der Verdacht;
Doch eh man weiteres noch erwogen,
Ist auch die Handlung schon vollzogen.

Der Mensch, zu Zeiten recht erotisch,
Fühlt Triebe, die dann höchst despotisch;
Nur setzt es öfter, statt Entzücken,
Verdruß im Schädel und im Rücken.

Doch, Gott sei Dank! im „Wilden Geyer"
Tagt heut der Rauchklub „Leo Meyer".
Als Schriftwart darf man dort nicht mangeln,
Auch gilt der Grundsatz: Gäste angeln!

Von Mund zu Mund geht in die Ronde
Die altbeliebte kühle Blonde,
Und jeder nach des Tages Hitze
Saugt stillvergnügt an seiner Spitze.

Doch nach und nach kommt man in Feuer
Und spricht von Kornzoll und von Steuer,
Und theils vor Freude, theils vor Zorn,
Trinkt man aus einem Ochsenhorn.

Zwar spricht man nicht von W. von Goethe,
Doch ist man gegen Schnapsverböte.
Man plinkt sich zu und macht sich breit,
Auch riecht es nach Gemüthlichkeit.

Das ist die Zeit, um dem Verein
Ein dreimal donnernd Hoch zu weihn.
Man singt entflammt: „Wo Muth und Kraft"
Und schwört sich schluchzend Brüderschaft.

Nachdem man dies mit Fleiß vollbracht,
Wünscht man sich schmunzelnd: „Gute Nacht!"
Zuletzt, nachdem auch dies geschehn,
Sagt man sich noch: Auf Wiedersehn!

Der Mensch, nach Mitternacht im Thrau,
Schläft oft auf einem Aeppelkahn;
Doch oft macht er sich auch publik
Durch sogenannte Hausmusik.

Nur taucht dann auf als Concurrent
Meist bierfidel der Corpsstudent;
Und giebt man's ihm: „Sie oller Flegel!"
Dann hat's gebumst trotz Kant und Hegel.

Auch naht gewöhnlich noch zur Zeit
Die nachbefliss'ne Obrigkeit.
Sie droht mit Zuchthaus und Prison
Und confisciert das Mirliton.

Dann faßt sie freudig und behende
Den einen um des andern Lende
Und schiebt sich fort in Hast und Eile
Und maltraitirt die Hintertheile.

Zuletzt, in einer dunklen Ecke,
Da wimmeln Blöde theils, theils Aecke,
Und einer spricht zum andern heiter:
Die Welt ist eine Hühnerleiter!

Schon läuten fromm die Morgenglocken,
Man sitzt mit ungekämmten Locken
Und schüttelt sich und spricht voll Ekel:
„Herrgott, ist mir heut fin de siècle!"

Doch jetzt, o Leser, dir zur Qual
Die unvermeidliche Moral:

Kannst Du's vermeiden, beiß' nicht Schnulze,
Plagt Dich die Gicht, trag' mit Geduld se,
Schlürf sogar Austern, knacke Nüsse,
Doch schinde niemals Pegasüsse!